Haus Rüschhaus

Schlauns Refugium
Annettes „Indien"

Haus Rüschhaus

Schlauns Refugium
Annettes „Indien"

EDITION

Quadra

im Tecklenborg Verlag

In der Abgeschiedenheit vor den Toren Münsters schuf Johann Conrad Schlaun (1695-1773) sich und seiner Familie zwischen 1745 und 1749 ein Refugium auf dem Lande, dessen schillernde Doppelgesichtigkeit viel über seinen Architekten und Eigentümer verrät, das durch seinen Charakter und seine Geschichte aber auch ebensoviel von der Janusköpfigkeit Westfalens offenbart. Klaus Bußmann hat ihm treffend bescheinigt, es sei *intime, aber große Architektur und zugleich eines der europäischen Künstlerhäuser, das am meisten die Persönlichkeit des Architekten offenbart.*

Ausgedehnte Bildungsreisen nach Süddeutschland und Wien, nach Rom und Paris hatten den aufgeschlossenen jungen Baumeister mit den Höhepunkten der barocken Baukunst seiner Zeit vertraut gemacht – und so kamen bei Johann Conrad Schlaun früh schon zwei Dinge zusammen, die Klaus Bußmann nicht zu Unrecht *eine eigentlich un-mögliche Verbindung* genannt hat: der Barock und Westfalen, der Zauber höfischer Eleganz und die Kraft bäuerlicher Bodenständigkeit.

Schlaun ist einer der wenigen westfälischen Architekten, die zu europäischem Rang gelangt sind. Da ist zunächst *Clemenswerth*, jenes wohl feinste Jagdschloss Europas, zu nennen, das er für seinen Bauherrn, den Fürstbischof Clemens August, *auf dem Hümmling* bei Sögel errichtet hat. Da dürfen aber auch jene städtebaulichen Juwelen der *Clemenskirche* und des *Erbdrostenhofes* in Münster nicht fehlen – und erst recht nicht, als spätbarocker Höhepunkt, sein *Residenzschloss* in Münster.

Wenn heute allgemein die *convenance*, die Harmonie im Zusammenspiel der gestalterischen Mittel, als Merkmal Schlaunscher Kunst gilt, dann ist gerade sein Rüschhaus ein Musterbeispiel für ein solch glückliches Zusammenkommen spannungsreich konkurrierender Gegensätze: Privatheit und Repräsentanz, Land und Stadt, westfälische Tradition und europäischer Barock, bäuerliche Verwurzelung und aufgeklärtes Weltbürgertum treffen hier aufeinander, nicht um sich zu widersprechen und dadurch gegenseitig zu schwächen, sondern um sich wechselseitig zu steigern zu einem glücklichen Einklang, der die Gegensätze – nicht ohne ein Augenzwinkern – in dieser souveränen Synthese aufhebt: große Architektur also auf der Höhe ihrer Zeit.

Wohl nirgends hat die Doppelgesichtigkeit des Begriffs *Barock in Westfalen* faszinierender Gestalt angenommen als in Schlauns Rüschhaus. In einem raffinierten Spiel mit der Doppeldeutigkeit des Wortes *Hof* hat Schlaun hier nach vorne hin einen typisch westfälischen Gräftenhof geschaffen, dessen rückwärtige herrschaftliche Gartenseite ihm aber zugleich die Möglichkeit bot, angemessen *Hof zu halten*: Westfalen und Barock also, Bauernhaus und *maison de plaisance*.

Umfasst bei repräsentativen Dreiflügelanlagen – wie zum Beispiel beim Residenzschloss von Münster – das Schlossgebäude mit seinen Seitenflügeln den *Cour d'honneur*, so zitiert Schlaun bei seinem Rüschhaus dieses Formprinzip dadurch, dass Viertelkreis-förmige Ziegelmauern die barocke Backsteinfassade des Bauernhauses mit den flankierenden landwirtschaftlichen Nebengebäuden zu einem geschlossenen Hof verbinden, auf dem man sich unbedingt den westfälischen Misthaufen hinzudenken muss, um zu begreifen, was Schlaun hier eigentlich geschaffen hat: einen prächtigen Bauernhof, zeitgenössisch barock.

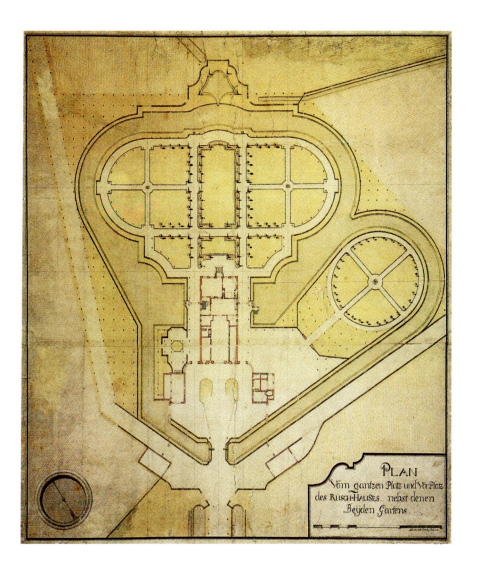

PLAN
Vom gantzen Platz und Vor-Platz
des Rüsch-Hauses, nebst denen
Beyden Gartens.

Alle Daten der Baugeschichte
sind den Inschriften in den
Sandsteinfeldern zu entnehmen:

1745 wurde das Hauptgebäude
Gottvater, Gottsohn und dem
Heiligen Geiste zum Lob, zur
Ehre und zum Ruhm geweiht;
die Wappen auf der Gartenseite
tragen die Jahreszahl 1746.

1747 wurden die beiden Neben-
gebäude Jesus, Maria und Joseph
zum Schutz sowie den Engeln,
den Erzengeln und allen Heiligen
zur Sicherung anempfohlen.

Der Sandsteinabschluss der
Umfassungsmauer gibt mit
1749 das Jahr der Fertigstellung
auch des Gartens an.

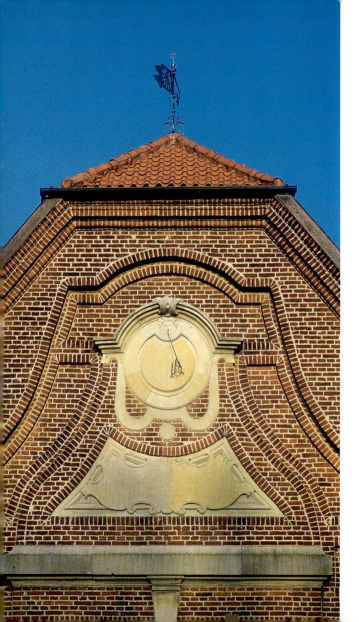

Der Schweinestall und die
Remise, das große Deelentor
und die Sandstein-gefassten
Stalltüren, nicht zuletzt aber
auch die Pickstein-gepflasterte
große Tenne mit den Ställen
und den Upkammern –
all das spiegelt unprätentiös
die Herkunft des Hausherrn
vom dörflichen Bauernhof
wider. Doch wie geschickt hat
er hier allem Rustikalen
das Derbe genommen und
das bodenständig Bäuerliche
mit regionalen Materialien
und zeitgenössischen Formen
behutsam veredelt!

D · O · M ·
PATRI · FILIO · SPIRITVI · SANCTO
LAVS · HONOR · GLORIA ·
MDCCXLV ·

Nimmt man den Weg rechts am Hauptgebäude vorbei, so gelangt man, wenn man mehr als die Hälfte des Gebäudes passiert hat, zu jener Stelle, die den vorderen Tennentrakt von der hinteren Gartenseite trennt. Eindrucksvoll markiert hier der Eingang zur Küche mit seinen oben liegenden Fenstern den Übergang vom ebenerdigen landwirtschaftlich genutzten Bereich zum höher gelegenen *piano nobile* des herrschaftlicheren Wohntraktes samt repräsentativem Gartensaal.

Wo Tor und Bogen den Zugang zum formalen barocken Garten eröffnen, findet sich – der Küchentür genau gegenüber – eine schmale Tür, die zu einem kleinen fensterlosen Raum führt: dem Abort mit direktem Zufluss zur umlaufenden Gräfte.

Zwischen der landwirtschaftlich genutzten Tenne und dem herrschaftlichen Wohntrakt vermittelt die große querliegende Küche: Mit ihrem Boden aus mächtigen Sandsteinplatten und ihrem *westfälischen Himmel*, an dem die Schinken und Würste hingen, bildet sie die private bürgerliche Mitte zwischen der bäuerlichen Welt hinter dem Deelentor und der herrschaftlichen Welt des Gartensaales.

Herzkammer des Hauses blieb die mächtige Küche, durch die man das Bauwerk betreten mußte, wollte man nicht durch den Garten gehen oder die Tennentür benutzen.

Helmut Domke

Dem zeitgenössischen Element in der Biographie des Hausherrn zollt der rückwärtige Teil des Hauses Tribut: innen in Korrespondenz zur Tenne der großzügige Gartensaal, draußen als Antwort auf den Katzenkopf-gepflasterten Hof der elegante Barockgarten; vorne die bäuerliche Arbeit, hinten der herrschaftliche Landaufenthalt.

Hier dominiert das Element des feudalen Landsitzes, jedoch in zurückhaltender Bescheidenheit. Die fünfachsige Gartenfront, die Freitreppe und der formale Garten nach französischem Vorbild – das alles atmet die galante Weltläufigkeit des Architekten; doch hat er dem repräsentativ Barocken alles überfeinert Gekünstelte genommen und so das maskenhaft Höfische westfälisch schlicht geerdet.

1774 wurden vier Putten von der Hand Johann Christoph Manskirchs aus Schlauns Stadtgarten zum Rüschhaus gebracht. Sie stehen allegorisch für die vier Elemente und die vier Jahreszeiten.

Verborgen hinter einer doppelflügeligen Tür befindet sich das Prunkstück des Gartensaales, ein ausklappbarer barocker Hausaltar, der es ermöglichte, im Rüschhaus auch eine heilige Messe zu feiern.

1826 bezog die Witwe von Droste-Hülshoff mit ihren Töchtern Annette und Jenny das Rüschhaus. Kann man sich wohl einen größeren Gegensatz vorstellen als den zwischen dem allen diesseitigen Freuden zugetanen Soldaten und Architekten Johann Conrad Schlaun und der zurückgezogen lebenden, empfindsam-schwärmerischen Dichterin aus dem westfälischen Landadel? Folglich hob nun im Rüschhaus auch ein ganz anders geartetes, ein viel beschaulicheres Leben an.

Das Rüschhaus wurde für Annette von Droste-Hülshoff ihre *Einsiedelei voll Freude und Sonnenschein*. Ihr Arbeitszimmer, von dem eine Zeichnung von eigener Hand erhalten ist, nannte sie liebevoll ihr *Schneckenhäuschen*. Hier schrieb sie ihre psychologisch einfühlsame Novelle *Die Judenbuche - ein Sittengemälde aus dem gebirgichten Westfalen*, hier schrieb sie den zweiten Teil des *Geistlichen Jahres* und manches Gedicht.

„Ihr" Rüschhaus war für Annette ein Ort der Imagination des – in Raum und Zeit – Fernen: Nannte der Preußische Kronprinz seinen Potsdamer Charlottenhof sein *Siam*, so sprach Annette davon, ihr *Indien lieg(e) im Rüschhaus*.

Der Raum, der der zentralen Küche am nächsten war, wurde Annettes Wohn- und Arbeitszimmer, ihr Schneckenhäuschen. Ihre eigenhändige Zeichnung zeigt den Raum genau so, wie ihn Besucher in seiner Intimität noch heute erleben können.

Der westliche Upkammer-
Bereich oberhalb der
Tenne wurde nach 1825
umgebaut zu einer
Wohnung, deren Zimmer-
flucht von außen am Band
der Sandstein-gefassten
Fenster zu erkennen ist.

Annette von Droste-Hülshoff sah in ihrem bäuerlich geprägten Münsterland das *Arkadien* einer längst untergegangenen Epoche. Vor dem Hintergrund des als bedrohlich empfundenen technischen und gesellschaftlichen Fortschritts soll sie sogar mit eigener Hand dazu beigetragen haben, den eher verwunschenen Charakter „ihres" Rüschhauses auf einen Kupferstich für Ferdinand Freiligraths und Levin Schückings *Das Malerische und romantische Westfalen* zu bannen.

Warum das Rüschhaus nun – abermals auf der künstlerischen Höhe seiner Zeit – zum prädestinierten Ort romantischer Innerlichkeit geworden war, belegt anschaulich ein zeitgenössisches Zeugnis, das wir Elise von Hohenhausen verdanken: *Mitten in einem großen verwilderten Park liegt das Rüschhaus. Eine mittelalterliche Zugbrücke führt über breite Gräben, in deren feuchtem Grunde himmelblaue Blumen wachsen, aber kein Wasser mehr vorhanden war. Gras und Unkraut bedeckten die Wege, wilde Rosen und wilder Wein die Mauern, bemooste Steinbilder standen unter Trümmern vergangener Herrlichkeiten. Es war eine wunderliche Einsiedelei.*

Annette von Droste-Hülshoff

Im Grase

Süße Ruh', süßer Taumel im Gras,
Von des Krautes Arom umhaucht,
Tiefe Flut, tief, tief trunkene Flut,
Wenn die Wolk' am Azure verraucht,
Wenn aufs müde schwimmende Haupt
Süßes Lachen gaukelt herab,
Liebe Stimme säuselt und träuft
Wie die Lindenblüth' auf ein Grab.

Wenn im Busen die Todten dann
Jede Leiche sich streckt und regt,
Leise, leise den Odem zieht,
Die geschloss'ne Wimper bewegt,
Todte Lieb', todte Lust, todte Zeit,
All die Schätze, im Schutt verwühlt,
Sich berühren mit schüchternem Klang
Gleich den Glöckchen, vom Winde umspielt.

Stunden, flücht'ger ihr als der Kuß
Eines Strahls auf den trauernden See,
Als des zieh'nden Vogels Lied,
Das mir niederperlt aus der Höh',
Als des schillernden Käfers Blitz
Wenn den Sonnenpfad er durcheilt,
Als der flücht'ge Druck einer Hand,
Die zum letzten Male verweilt.

Dennoch, Himmel, immer mir nur
Dieses Eine nur: für das Lied
Jedes freien Vogels im Blau
Eine Seele, die mit ihm zieht,
Nur für jeden kärglichen Strahl
Meinen farbig schillernden Saum,
Jeder warmen Hand meinen Druck
Und für jedes Glück einen Traum.

Annette von Droste-Hülshoff

Der Knabe im Moor

O schaurig ist's, übers Moor zu gehn,
Wenn es wimmelt vom Haiderauche,
Sich wie Phantome die Dünste drehn
Und die Ranke häckelt am Strauche,
Unter jedem Tritte ein Quellchen springt,
Wenn aus der Spalte es zischt und singt,
O schaurig ist's, übers Moor zu gehn,
Wenn das Röhricht knistert im Hauche!

Fest hält die Fibel das zitternde Kind
Und rennt, als ob man es jage;
Hohl über die Fläche sauset der Wind –
Was raschelt drüben am Hage?
Das ist der gespenstige Gräberknecht,
Der dem Meister die besten Torfe verzecht;
Hu, hu, es bricht wie ein irres Rind –
Hin ducket das Knäblein zage.

Vom Ufer starret Gestumpf hervor,
Unheimlich nicket die Föhre,
Der Knabe rennt, gespannt das Ohr,
Durch Riesenhalme wie Speere. –
Und wie es rispelt und knittert drin,
Das ist die unselige Spinnerin,
Das ist die gebannte Spinnlenor,
Die den Haspel dreht im Geröhre.

Voran, voran, nur immer im Lauf,
Voran, als woll' es ihn holen!
Vor seinem Fuße brodelt es auf,
Es pfeift ihm unter den Sohlen
Wie eine gespenstige Melodei;
Das ist der Geigenmann ungetreu,
Das ist der diebische Fiedler Knauff,
Der den Hochzeitheller gestohlen.

Da birst das Moor, ein Seufzer geht
Hervor aus der klaffenden Höhle;
Weh, weh, da ruft die verdammte Margreth:
Ho, ho, meine arme Seele!
Der Knabe springt wie ein wundes Reh;
Wär' nicht Schutzengel in seiner Näh',
Seine bleichenden Knöchelchen fände spät
Ein Gräber im Moorgeschwele.

Da mählich gründet der Boden sich,
Und drüben, neben der Weide,
Die Lampe flimmert so heimathlich,
Der Knabe steht an der Scheide.
Tief atmet er auf, zum Moor zurück
Noch immer wirft er den scheuen Blick:
Ja, im Geröhre war's fürchterlich!
Oh! schaurig war's in der Haide!

Für Schlaun war das Rüschhaus sein Refugium vor den Toren der Stadt gewesen, für die Droste war es zum Resonanzraum ihrer Innerlichkeit geworden. War es für den weltläufigen Barockarchitekten ein Ankerplatz zum Innehalten in einem an Aufträgen und Terminen überreichen geschäftigen Leben, so war es für die zurückgezogen hier lebende Dichterin zum nur selten verlassenen Ausgangspunkt ihrer die innere Welt und das geistliche Jahr durchmessenden Gedankenreisen. Beider Lebenswelten und Schaffensräume waren so unterschiedlich wie ihre Biographien und ihre Werke. Hatte er das Rüschhaus nicht ohne Stolz zu Repräsentationszwecken für sich erbaut, hatte sie es sich nicht ohne Demut anverwandelt und mit ihrer Poesie beseelt. Mann und Frau, Barock und Romantik, Architekt und Dichterin, Geschäftigkeit und Innerlichkeit treffen im Rüschhaus in ihrer Gegensätzlichkeit unvermittelt aufeianander, ja kollidieren sogar mitunter. Trotz des schwierigen Kompromisses – außen Schlaun, innen Droste –, nach dem das Rüschhaus Anfang der Achtziger Jahre umfassend instandgesetzt wurde, atmet es noch immer den Geist sowohl Schlauns als auch der Droste und ist – zu jeder Jahreszeit – einen Besuch in Muße wert.

Der inspirierende Zauber
der Landschaft, der schon zu
Zeiten der Droste das Rüschhaus, seinen Garten und die
nähere Umgebung kennzeich-
nete, macht auch heute noch
den Weg über das *Pättken*, das
das Rüschhaus mit der Burg
Hülshoff, dem Stammsitz der
Droste-Hülshoffs, verbindet,
zu einem besonderen Erlebnis.

Sehr lang währt er nicht,
so ein Stündchen an lauter
Bachufer- und Wieseneligkeit
vorbei. Das hat sie geliebt!

Helmut Domke

Der Inhalt dieses Buches wurde auf Papier mit
chlorfrei gebleichtem Zellstoff gedruckt.

Die Deutsche Bibliothek – CIP-Einheitsaufnahme

1. Auflage 2007
© 2007 by Tecklenborg Verlag, Steinfurt

Gesamtherstellung: Druckhaus Tecklenborg, Steinfurt

ISBN 3-934427-96-0

Text: Werner Friedrich

Fotos:
Michael Bücker: Seite 4, 27, 42
Werner Friedrich: Seite 18, 19, 9, 21, 24, 26, 29, 33, 41
Westfälisches Landesmuseum, Münster: Seite 7, 13, 32, 35
Andreas Lechtape: Seite 2, 14, 16, 22, 23, 28, 31, 44
Dieter Rensing: Seite 36